PARIS, PORT DE MER

ET

GARE DE SAINT-OUEN.

Documens authentiques,

POUR SERVIR

A L'INTELLIGENCE DE CETTE SPÉCULATION.

Paris, imprimerie de Gaultier-Laguionie.

N° I.

SOUMISSION.

[illegible]s :

1° Sainte-Fare Bontemps, chevalier des ordres royaux et militaires de Saint-Louis et de la Légion-d'Honneur.

2° Stéphane Flachat, ancien élève de l'école royale des mines.

3° Pierre Blaisot, négociant à Paris, Pierre Debaëcque, négociant à Paris,	pour une voix.
4° Morlière (P^re N.), négociant à Paris, Nicolas Fesssard, négociant à Paris, Charles Fessard, négociant à Paris,	pour une voix.

5° Demachy, ancien agent de change.

Demandeurs en concession du canal de Paris à la mer, des bassins et magasins à établir dans la plaine de Grenelle;

Ont l'honneur d'exposer à Son Excellence Monseigneur le comte de Villèle, président du conseil des ministres, et ministre secrétaire d'état au département des finances;

Qu'étant occupés depuis plusieurs mois des moyens de rendre Paris port de mer par un canal de dérivation sur la rive gauche de la Seine, ayant son entrée dans la mer au midi de Honfleur, et *aboutissant à des bassins creusés dans la plaine de Grenelle ;* le canal et les bassins pouvant admettre des navires de commerce *au moins de huit cents tonneaux* avec leur chargement, ils ont acquis la conviction, d'une part, que cette grande entreprise ne présente aucune des difficultés qui résistent aux ouvrages de l'art, et, d'autre part, que ses produits paieront aux actionnaires, dès les premières années de service du canal, *outre les frais d'entretien et d'administration, les intérêts, un fonds d'amortissement et un dividende de bénéfices.*

L'on a beaucoup parlé sur les moyens d'amener à Paris les

bâtimens marchands d'un petit tonnage. L'ouvrage le plus important fut fait en 1796. Il propose, depuis Rouen jusqu'à Paris, quatre canaux de redressement pour quelques parties du cours de la Seine, et le creusement de son lit dans quelques autres parties.

Un nouvel ouvrage vient d'être publié sous le titre de : Mémoire sur les Moyens de rendre Paris Port de Mer. Il suppose qu'avant peu d'années toute la navigation sera faite avec des bateaux à vapeur, tirant à peine 9 à 10 pieds d'eau, et il borne les travaux à établir dans la Seine à une profondeur moyenne de 12 pieds.

Tous ces moyens sont insuffisans ou impraticables, les atterrissemens se forment avec trop de facilité dans une rivière dont le lit est nouvellement creusé de plusieurs pieds.

Un système de navigation ne peut être établi sur la réforme entière de la construction des navires de commerce. Que de tems, de perfectionnemens avant que la vapeur soit appliquée à tous les bâtimens marchands, surtout à ceux de long cours !

Il faut prendre la marine marchande telle qu'elle est et n'employer la vapeur que depuis la mer jusqu'à Paris pour diriger les navires sans arrêter leur marche et sans toucher au chargement et à la mâture.

Les rivières sont, depuis 60 ans, remplacées, en Angleterre, par des canaux, et cependant la navigation des rivières y offre moins de difficultés qu'en France. Le service des canaux est plus égal à la descente comme à la remonte; il n'est jamais interrompu par les atterrissemens, les inondations, les baisses et les crues d'eau. Ainsi une grande navigation est plus régulièrement établie par un canal que sur une rivière; *c'est donc un canal qu'il faut adopter pour la communication de Paris à la mer.* L'examen qui reste à faire ne doit porter que sur les dimensions du canal.

Un bâtiment marchand de 800 tonneaux ne tire au plus, avec son chargement, que 5 mètres 50 centimètres d'eau; un canal de 6 mètres de creux serait donc suffisant. Cette profondeur n'est point une innovation. L'ancien canal de Mardick à Dunkerque avait 6 mètres 50 centimètres de profondeur. Le canal Colodonien, en Écosse, a 6 mètres 10 centimètres, et celui qui s'exécute entre le Helder et Amsterdam en a 8 ; et cependant il s'établit à travers des terrains marécageux et mobiles où l'eau afflue de tous côtés. Le canal qui vient d'être repris pour ouvrir une communication, même aux frégates, entre Stockolm et Gothembourg, a plus de 8 mètres de creux.

En examinant la nature des terrains depuis Paris jusqu'à la mer, *le creusement d'un canal de 6 mètres de profondeur est une entreprise moins difficile que celle de tous les canaux dont on vient de parler.*

La disposition du sol et la pente de Paris à la mer, qui est de 33 mètres, permettent d'établir un simple canal de dérivation, ce qui affranchit d'une partie des travaux d'art, ordinairement si dispendieux dans les canaux à point de partage.

La plus grande difficulté devait se trouver dans la quantité d'eau nécessaire à un canal aussi vaste et d'une navigation aussi active.

Ce n'est que par les conceptions les plus hardies, exécutées à grands frais, que l'on a recueilli, au point de partage du canal de Languedoc, des eaux qui sont toujours insuffisantes ; mais dans le canal de la Seine, les prises d'eau sont établies de manière que ce canal sera constamment rempli quelle que soit l'activité de la navigation.

Les demandeurs en concession, après une étude très-attentive de la disposition des terrains, ont reconnu *que le canal ne pouvait être tracé que sur la rive gauche*. Les ouvrages d'art importans se bornent, sur la rive gauche, aux passages de l'Eure, de la Rille et de la Touques, et à l'écluse d'entrée dans la mer. La disposition des versans, des montagnes et des plateaux permet de maintenir le canal à la même hauteur dans toute son étendue, et diminue ainsi considérablement l'élévation des tranchées et des frais de construction. *La nature elle-même indique la vaste plaine de Grenelle pour l'emplacement des bassins qui doivent former le port, et, pour la construction d'immenses magasins destinés à l'entrepôt des marchandises ;* et, d'autre part, à l'embouchure du canal dans la mer, il existe pour l'écluse d'entrée sur la côte, au midi de Honfleur.

la rade la plus sûre et la mieux abritée. Le système de ce tracé n'avait, jusqu'à ce jour, été indiqué dans aucun ouvrage et par aucun ingénieur.

Une autre question, aussi importante que celle de la direction et de la dimension du canal, a occupé les demandeurs en concession : c'est celle de la forme d'entreprise qu'il convient d'adopter.

Différens systèmes ont été suivis en France.

Le canal de Briare a été construit en entier avec les fonds d'une compagnie qui en a la propriété à perpétuité.

Le canal de Givors, concédé d'abord pour 60 ans, ensuite pour 99 ans, allait être abandonné lorsque le gouvernement l'a cédé en toute propriété, et ce canal a été terminé en peu de tems.

Dans les entreprises nouvelles de canaux, le gouvernement s'est constitué emprunteur et constructeur, il n'a trouvé de fonds qu'en garantissant aux emprunteurs les intérêts et l'amortissement, et en les admettant au partage des bénéfices pendant un tems déterminé. Ce système a été faiblement accueilli; les constructions sont trop lentes, les jouissances trop limitées *et l'on craint que les fonds empruntés soient insuffisans.*

Les devis sont faits, en Angleterre, avec sévérité, et cependant les constructions y dépassent toujours d'un tiers et souvent de moitié les estimations des hommes les plus exercés.

Le gouvernement n'intervient jamais dans l'établissement des canaux. Ils sont la propriété des compagnies qui les font construire, et c'est ordinairement pour le service des grandes usines ou l'exploitation des mines.

Le canal du duc de Bridgewater, auquel Manchester doit toute sa prospérité, n'a eu d'abord d'autre objet que le transport des mines de Worseley.

Ces compagnies font leurs réglemens, nomment leurs comités préparatoires et directeurs et leurs commissaires arbitres. Comme le public trouve dans cette organisation la garantie que les travaux seront exécutés avec autant d'économie que d'intelligence, les fonds sont toujours remplis. Là, comme en France, les droits de navigation sont réglés par l'acte de concession.

Les canaux ne peuvent être établis, en France, que dans des vues d'utilité générale. Néanmoins, les capitalistes s'y intéresseraient avec empressement s'ils trouvaient, comme en Angleterre, dans l'organisation des compagnies, des garanties que le service des intérêts sera fait régulièrement; que l'évaluation des produits sera bien établie avant de mettre la main à l'œuvre; enfin, que le choix des ingénieurs, chargés des travaux, appartiendra irrévocablement aux concessionnaires. Cette dernière condition surtout aurait la plus grande influence sur l'opinion. Toutes les entreprises particulières redoutent le concours et les lenteurs de l'administration.

Que l'on adopte en France les mêmes principes qu'en Angleterre sur la nature des entreprises, et les mêmes institutions pour former les compagnies et diriger les travaux, et l'on aura les mêmes résultats.

Il y a en France plus de capitaux qu'il n'en faut pour les plus grandes opérations. Il ne s'agit que de mettre la même prévoyance dans les institutions qui ont commandé la confiance chez nos voisins. Ces institutions ne peuvent se concilier avec la marche de l'administration; elles veulent la célérité, l'indépendance et l'économie, et ces ressorts n'ont de puissance que sous la direction de l'intérêt personnel.

Ainsi le seul système d'opérations qui puisse convenir pour le canal de la Seine, est l'entreprise particulière et la concession à perpétuité.

Il faut ensuite, pour les plans et devis, et pour l'exécution des travaux, choisir dans les institutions anglaises celles qui sont les plus propres à inspirer la confiance.

On ne peut se dissimuler que les esprits superficiels traitent de chimère l'entreprise de rendre Paris port de mer. Les preventions sont fortes. Des concessionnaires ou l'administration présenteraient inutilement les plans les mieux faits. Leur démonstration ne convaincrait personne. L'autorité des ingénieurs les plus distingués échouerait contre ces résistances si leurs travaux n'étaient examinés et approuvés solennellement par une réunion d'hommes placés au plus haut degré dans la confiance publique.

Tels sont les motifs qui ont déterminé la proposition d'un *conseil directeur. C'est dans les fonctions de ce conseil directeur et dans ses rapports avec les concessionnaires, que l'état et les preneurs d'actions trouveront leurs principales garanties.*

Tout ce qui est relatif à la construction du canal et à l'administration de l'entreprise, avant comme après la loi de concession, doit être délibéré et arrêté par le conseil; la proposition et l'exécution restant aux concessionnaires.

L'on aperçoit déjà combien il est facile de tirer de l'exercice de ces deux pouvoirs, des moyens de surveillance et d'action dans la conduite d'une grande entreprise. Les formes les plus simples assureront les vérifications les plus exactes. Les travaux, comme les produits, seront mis à découvert et appréciés sans erreur ni partialité. La lumière pénétrera sur tous les points, et l'administration sera aussi rapidement éclairée que le public.

En conséquence, les soussignés ont l'honneur de proposer à son excellence Monseigneur le comte de Villèle, président du conseil des ministres :

§ Ier.

D'adopter pour bases principales de la concession du canal de la Seine, des bassins formant le port et des magasins auprès des bassins pour l'entrepôt des marchandises, 1° le système d'entreprise particulière, fondée sur une concession perpétuelle en toute propriété, et sur un tarif de navigation modifié par une échelle de réduction à mesure de l'augmentation des produits. 2° Le droit pour la compagnie, de faire exécuter le canal et tous les travaux accessoires, par des ingénieurs de son choix, en se conformant aux plans et devis qui auront été approuvés par l'acte de concession. 3° L'organisation d'un conseil directeur qui aura le droit de prendre toutes les décisions relatives à l'entreprise sur la proposition des concessionnaires qui seront chargés de l'exécution. 4° La formation d'une société collective et en commandite entre les concessionnaires et les actionnaires. 5° Et enfin, l'*émission du fonds social en actions à ordre ou au porteur*

§ II.

Pour mettre son excellence à même de leur accorder la concession du canal, des bassins et magasins d'entrepôt, sur les bases ci-dessus, les soussignés s'obligent et s'engagent à procéder ainsi qu'il suit :

Le conseil directeur nommera deux commissions, l'une composée de trois ingénieurs des ponts et chaussées, qui seront chargés de vérifier les plans des soumissionnaires et leurs devis estimatifs des travaux, et proposer des rectifications, s'il y a lieu ; de faire les sondages et généralement toutes choses nécessaires pour déterminer définitivement le tracé du canal, la nature et la proportion des ouvrages d'art, et fixer le montant des dépenses ; l'autre commission sera composée de cinq négocians qui seront chargés de vérifier les produits du canal, et de donner leur avis sur le tarif des droits de navigation et sur l'échelle de réduction du tarif. Lorsque les deux commissions auront terminé leurs travaux, ils seront *soumis à la discussion et à l'approbation du conseil directeur.*

Ce conseil, après avoir reçu les observations des concessionnaires, présentera tous les travaux à son excellence le ministre des finances, pour que, par ses ordres, ils soient de nouveau soumis à la vérification de la direction générale des ponts et chaussées.

Cette vérification aura lieu dans un délai de trois mois après la remise des travaux à son excellence. Les soumissionnaires seront admis à discuter les objections qui seraient élevées.

Les soumissionnaires remettront alors à son excellence le ministre des finances, leur *acte d'association, dont les conditions auront été discutées et approuvées par le conseil directeur.* Cet acte déterminera la forme et les opérations de la société du canal de la Seine, les rapports du conseil directeur, des actionnaires et des concessionnaires, d'après les bases ci-dessus et les délibérations antérieures, la fixation du fonds social d'après les devis estimatifs des travaux, et enfin, les cautionnemens à fournir pour la garantie des obligations de la compagnie financière.

Au moyen de l'accomplissement de ces dispositions, son excellence fera remplir toutes les formalités pour que la concession du canal de la Seine soit accordée aux soumissionnaires dans la forme ordinaire et par un projet de loi soumis aux chambres.

La loi sur la concession obtenue, le conseil directeur et les concessionnaires rendront publique l'analyse des plans et devis, et feront procéder au versement des fonds, à l'émission des actions et à la confection du canal, des bassins et des magasins, conformément à l'acte de concession et au contrat de société.

§ III.

Provisoirement et pour arriver à la vérification des travaux préparatoires, et pour être investis des autorisations nécessaires relativement à la levée des plans, aux sondages et à l'emploi des ingénieurs des ponts et chaussées, les soussignés sollicitent son excellence qu'elle veuille bien soumettre à l'approbation de sa majesté un projet d'ordonnance contenant lesdites autorisations. Tous les frais des travaux des ingénieurs, des soumissionnaires et de toutes autres dépenses, y compris celles des vérifications par les ingénieurs des ponts et chaussées, seront avancés et supportés par les demandeurs en concession, ainsi qu'ils s'y obligent expressément.

Ces frais sont évalués à trois cent mille francs qui seront déposés en l'étude de Me Delamotte, notaire de la société, dans les trois jours de la signature de l'ordonnance royale.

Et ont, les soumissionnaires, signé.

N° II.

CANAL DE HONFLEUR, A PARIS.

Charles, par la grâce de Dieu, Roi de France et de Navarre, à tous ceux qui ces présentes verront, salut.

Vu la soumission présentée le 24 janvier dernier par les sieurs Ste-Fare Bontemps, chevalier des ordres royaux et militaires de St-Louis et de la Légion-d'Honneur; Stéphane Flachat, ancien élève de l'école royale des mines; Pierre Blaisot, Pierre Debaëcque; Morlière et compagnie; Nicolas Fessart, négociant à Paris; Charles Fessart, négociant à Rouen, et Demachy, ancien agent de change, dans laquelle ils exposent :

Que, depuis plusieurs mois, ils se sont occupés des moyens de rendre notre bonne ville de Paris, port de mer par un canal de dérivation qui serait ouvert sur la rive gauche de la Seine, et qui pourrait admettre des navires de commerce du port de huit cents tonneaux; qu'ils ont la conviction, d'une part, que cette grande entreprise ne présente aucun de ces obstacles qui résistent aux ouvrages de l'art; et, d'autre part, que les produits paieront aux actionnaires, outre les frais d'entretien et d'administration, les intérêts, un fonds d'amortissement et un dividende de bénéfices; et qu'en conséquence, ils demandent la concession du canal et de ses dépendances; mais qu'ils ne se dissimulent point que des obstacles peuvent s'élever contre cette même entreprise, et que, pour offrir à l'état comme aux actionnaires les garanties désirables, il convient, d'un côté, de bien étudier quelles sont les difficultés à vaincre et les dépenses à faire, et de l'autre, de reconnaître quelle est la masse des produits à espérer;

Que, pour atteindre ce double but, ils s'engagent à soumettre leurs propositions à la discussion d'un conseil-directeur, dans lequel entreraient des personnes placées au plus haut degré dans la confiance publique;

Que ce conseil-directeur nommerait deux commissions composées, l'une de trois hommes de l'art, choisis parmi les ingénieurs du corps-royal des ponts et chaussées, l'autre de cinq négocians; que ces deux commissions seraient chargées, la première, de vérifier les plans des soumissionnaires, et les devis estimatifs des travaux; de proposer, s'il y a lieu, des modifications; de procéder à toutes les opérations nécessaires pour déterminer définitivement le tracé du canal, la nature et les dimensions des ouvrages d'art; de fixer le montant des dépenses; la seconde, de vérifier les produits du canal et de donner son avis sur les tarifs des droits à percevoir;

Que les travaux de ces deux commissions, après avoir été examinés et arrêtés par le conseil-directeur, seront soumis à la vérification générale des ponts et chaussées.

Considérant que les mesures préparatoires pour lesquelles les soumissionnaires demandent notre autorisation doivent avoir pour résultat de procurer des projets mûrement étudiés, qui mettront l'administration à portée d'apprécier le mérite de l'opération dont il s'agit.

Sur le rapport de notre ministre secrétaire-d'état au département de l'intérieur,

Avons ordonné et ordonnons ce qui suit:

Les sieurs Sainte-Fare Bontemps, Stéphane Flachat, Pierre Blaisot, Pierre Debaëcque, Morlière et compagnie, Nicolas Fessart, Charles Fessart et Demachy, sont autorisés à procéder à leurs frais aux levées des plans, nivellemens, sondes et autres opérations nécessaires à la rédaction des projets d'un canal de Paris à la mer.

Ils sont également autorisés à faire vérifier, d'après le mode indiqué dans leur soumission les projets des ouvrages, les dépenses qu'ils exigeront et les produits probables du canal.

Lorsque les soumissionnaires, en vertu des autorisations énoncées aux deux paragraphes précédens, auront arrêté et présenté leurs propositions définitives, il sera statué ce qu'il appartiendra sur la demande formée par eux pour obtenir la concession du canal.

Notre ministre secrétaire-d'état au département de l'intérieur est chargé de l'exécution de la présente ordonnance.

Donné en notre château des Tuileries, le 16e jour du mois de février de l'an de grace mil huit cent vingt-cinq, et de notre règne le premier.

N° III.

DÉLIBÉRATION DU CONSEIL-DIRECTEUR.

Nomination de la commission des négocians.

Cejourd'hui 17 avril 1826, le Conseil-Directeur du canal maritime de Paris au Hâvre, s'étant assemblé dans le cabinet de M. DE VITROLLES, l'un des membres du Conseil, à l'effet de nommer, *conformément* à l'ordonnance de SA MAJESTÉ du 16 février 1825, une commission de cinq négocians pour, 1° vérifier le travail fait par les soumissionnaires, pour établir les produits du canal, d'après l'état actuel de la navigation et de la circulation des marchandises dans la direction de Paris au Hâvre; 2° donner son avis sur le tarif dressé par les soumissionnaires, sur les droits à percevoir sur la navigation.

Le Conseil a décidé que MM. ARDOUIN, LARREGUY, VITAL-ROUX, CAVALIER et LAFONT fils, sont invités à vouloir bien se réunir pour former la commission et se charger de vérifier les travaux des soumissionnaires relatifs aux produits et au tarif du canal.

De Conseil-Directeur a pensé qu'il serait utile d'adjoindre à la commission un courtier de commerce, que ses fonctions mettent en état de connaître avec plus de détails le mouvement des marchandises sur la place de Paris.

Les suffrages du Conseil se sont réunis à cet effet sur M. DELANOY.

M. le comte BEUGNOT ayant consenti à faire un examen particulier des travaux faits par les soumissionnaires, sur les produits et le tarif de la navigation sur le canal, *le conseil le prie* de préparer une instruction sur le système et les moyens de vérification, que la commission sera invitée à suivre dans ses travaux d'examen.

Et ont les membres du conseil signé, les jour, mois et an que dessus.

Duc de POLIGNAC, vice-président.
Baron de VITROLLES.
Comte MOLLIEN.
Comte BEUGNOT.
Baron DUPIN.
BERRYER fils.

N° IV.

CANAL MARITIME DE LA SEINE.

DÉLIBÉRATION

CONSTITUTIVE

DE L'OPÉRATION DES TERRIANS.

Cejourd'hui, 31 mars 1827,

MESSIEURS

Le comte de BOURMONT, pair de France;

Le comte de JUIGNÉ, membre de la Chambre des Députés;

Le comte de Berthier, membre de la Chambre des Députés;

Le comte de BOUVILLE, membre de la Chambre des Députés;

Le vicomte de PRÉVAL, lieutenant-général du corps royal d'État-Major;

Sainte-Fare BONTEMPS, chevalier des Ordres-royaux et militaires de Saint-Louis et de la Légion-d'Honneur;

Stéphane FLACHAT, ingénieur des mines;

Adolphe BOSSANGE, tant en son nom qu'en celui de M Demachy;

Pierre-Nicolas MORLIÈRE, négociant;

Pierre Blaisot, négociant.

Tous, soumissionnaires du Canal maritime de la Seine, s'étant réunis dans le lieu ordinaire de leurs séances, rue Godot-Mauroy, n° 35.

Il a été exposé :

Que les mesures et formalités, déjà adoptées par les précédentes délibérations pour l'achat des terrains, environnant près Paris les bassins, ports et entrepôts du Canal maritime de la Seine, présentaient plusieurs graves inconvéniens; que les produits des reventes devant être appliqués, d'une part, à rembourser les fonds versés dans cette opération, d'autre part, à être convertis en actions du canal, en cas de difficulté dans leurs émissions, ou à faire le service des intérêts de ces actions; et enfin à être répartis entre les divers intéressés, tous ces emplois n'ont pas été suffisamment caractérisés dans les précédentes délibérations, et faisaient ainsi craindre dans l'avenir des confusions préjudiciables aux divers intéressés; les soumissionnaires devaient désirer une démarcation plus positive entre toutes les parties de cette importante entreprise. Cette précision était le seul moyen de consacrer régulièrement tous les droits, et de donner à tous les intéressés des garanties satisfaisantes pour la rentrée de leur mise de fonds, et le paiement de leur portion de bénéfices.

Par ces motifs, les soumissionnaires ont adopté les articles suivans, comme devant former leurs conventions, tant entre eux, que relativement aux bailleurs de fonds et aux gérans dont il sera ci-après parlé, et qui, à cet effet, seront tenus d'adhérer à la présente délibération.

CHAPITRE I.

Création d'une Société.

ARTICLE PREMIER.

Il sera créé une société pour l'acquisition et la revente des terrains environnant, près Paris, les bassins, ports et entrepôts du Canal maritime de la Seine. Cette société sera collective et en commandite.

La société collective sera formée de trois gérans responsables et solidaires; la commandite se composera des soumissionnaires et des bailleurs de fonds dont il sera ci-après parlé.

ARTICLE 2.

La raison sociale sera formée du nom des trois gérans. Ces trois gérans, pour subvenir aux premiers frais et charges de la société, seront tenus de faire un fonds de deux cents mille fr. chacun, qui seront versés dans les quinze premiers jours de la signature de l'acte social. Il leur sera alloué six pour cent d'intérêts par an, jusqu'au remboursement de ce fonds social.

ARTICLE 3.

Les valeurs mises en commandite consisteront, à l'égard des soumissionnaires, dans l'apport qu'ils font à la société de la connaissance de la situation des bassins, ports et entrepôts du canal, des cartes, plans et devis ; enfin de tout le système de l'opération sur les terrains dont ils sont les créateurs, et qu'il appartient à eux seuls d'utiliser pour la construction du canal maritime ; déclarant lesdits soumissionnaires qu'ils n'entendent prendre aucun engagement personnel, pour garantir les résultats de l'opération d'achat et de revente des terrains, et qu'ils ne pourront, dans aucun cas, être obligés sur leurs propres biens pour les dettes et promesses de la société.

ARTICLE 4.

La commandite, à l'égard des bailleurs de fonds, se composera de toutes les sommes par eux versées, et *dont la moindre, pour chacun d'eux, ne pourra être au-dessous de vingt-cinq mille fr.* La somme totale des versemens ne dépassera pas six millions.

ARTICLE 5.

Lors de chaque versement, MM. Ardoin, Hubbart et compagnie, entre les mains desquels ces versemens sont et doivent être effectués, délivreront aux bailleurs de fonds des récépissés conformes au modèle dont le dépôt, pour minute, sera fait en l'étude de Me Delamotte, contenant l'énonciation de la somme versée, et l'emploi qui devra en être fait. Ces récépissés devront être visés par Me Delamotte, et ils seront au porteur.

ARTICLE 6.

Les bailleurs de fonds recevront en même temps, de MM. Ardoin, Hubbard et compagnie, un bulle-

visé de Mᵉ Delamotte, et contenant l'énonciation des bénéfices à eux assurés, à titre de forfait, par l'article 26, ci-après. Ce bulletin sera au porteur, comme les récépissés.

A l'égard des récépissés qui ont déjà été délivrés par Mᵉ Delamotte à divers bailleurs de fonds, pour acquisitions déjà faites, ces récépissés continueront d'exister tels qu'ils ont été signés; mais ils seront visés par MM. Ardoin, Hubbard et compagnie, qui remettront au porteur le bulletin des bénéfices dont il vient d'être parlé; ils auront le même effet, les uns et les autres, que ceux délivrés par cette maison de banque.

MM. Ardoin, Hubbard et compagnie auront *une commission de un pour cent, sur les fonds qui leur seront versés pour en faire l'application à l'achat des terrains.*

CHAPITRE II.

Des acquisitions de terrains à l'aide de prête-noms.

ARTICLE 7.

Les capitaux versés par les bailleurs de fonds continueront d'être employés à acquérir les terrains qui sont situés autour des bassins du port de Paris et des magasins devant former l'entrepôt général; ces acquisitions seront faites comme les précédentes, d'après les plans et cartes qui règlent la situation des bassins, ports et entrepôts, cependant *elles ne pourront excéder quatre mille arpens, et le prix moyen de chaque arpent ne pourra s'élever au-delà de trois mille francs, tous frais compris.*

ARTICLE 8.

Jusqu'à ce que l'acte de société soit revêtu des formalités légales, *ce qu'on est obligé de différer à cause du secret qui est l'ame de cette opération*, les acquisitions seront effectuées à la diligence et par les soins de MM. Stéphane Flachat et Adolphe Bossange, comme commissaires provisoires, et par le ministère, exclusivement, de Me Delamotte, ou tel autre de ses confrères qu'il désignera. Les contrats seront passés au nom de prête-noms, pareillement choisis par Me Delamotte.

ARTICLE 9.

Me Delamotte, ou ceux de ses confrères qu'il aura désignés, ne pourront passer aucun contrat d'acquisition, que lorsqu'il y aura en caisse, par suite des versemens énoncés ci-dessus, une somme égale au montant des frais et de la moitié du prix de vente fixé pour chaque contrat; ces frais, qui comprendront tous ceux de contrats, d'enregistrement, de transcription et tous frais et faux frais de toute nature, *sont fixés irrévocablement à douze pour cent, non compris la commission qui pourrait être allouée aux prête-noms, laquelle est fixée à demi pour cent sur le prix des achats.*

ARTICLE 10.

Aussitôt qu'un contrat d'acquisition aura été

convenu et arrêté, Me Delamotte en recevra les fonds de MM. Ardoin, Hubbard et compagnie sur sa quittance, laquelle sera en outre et provisoirement jusqu'à la réalisation de l'acte de société, visée par l'un desdits sieurs Stéphane Flachat et Adolphe Bossange. Et au moyen de cette quittance, MM. Ardoin, Hubbard et compagnie seront bien et valablement déchargés.

Article 11.

Il sera tenu chez Me Delamotte un registre sur lequel seront transcrits sommairement les contrats d'acquisitions avec les états des sommes payées, MM. Ardoin, Hubbard et compagnie se réuniront tous les mois chez Me Delamotte, provisoirement avec lesdits sieurs Stéphane Flachat et Adolphe Bossange, et ultérieurement avec les gérans de la société, et il sera procédé, sur la présentation des quittances de Me Delamotte, au réglement des sommes payées par MM. Ardoin, Hubbard et compagnie, et de celles employées par Me Delamotte.

Me Delamotte délivrera à la société, dans les huit jours de la vérification, un état des sommes versées et employées, mais sans aucune indication des localités auxquelles peuvent appartenir les terrains achetés. Cet état sera visé par M. Ardoin.

Article 12.

Lors de chaque contrat d'acquisition, Me Delamotte se fera délivrer, par le prête-nom, une contre-lettre portant que les acquisitions sont faites pour le compte de la société et des deniers du capitaliste qui les aura fournis.

ARTICLE 13.

Comme au moyen des six millions d'apport fait par les bailleurs de fonds, la société ne pourra payer que la moitié du prix de ses acquisitions, *il est convenu qu'elle se procurera le surplus par des emprunts avec subrogation dans le privilége des vendeurs.*

Pour encourager les prêteurs, il pourra leur être accordé des primes décroissantes d'après les bases adoptées dans les emprunts de la ville de Paris, pourvu que l'ensemble de ces primes n'excède pas annuellement six pour cent du capital emprunté. Ces primes seront établies indépendamment des intérêts ordinaires, des frais d'acte de négociation et d'enregistrement. Néanmoins la condition de ne payer, lors de l'acquisition, que la moitié du prix des ventes, n'est pas rigoureusement prescrite : Me Delamotie et lesdits sieurs Stéphane Flachat et Adolphe Bossange sont autorisés à passer cette limite, si dans quelques cas une somme plus forte était exigée par les vendeurs.

CHAPITRE III.

Des ventes par les prête-noms à la société.

ARTICLE 14.

Aussitôt après la rédaction de l'acte de société et l'accomplissement des formalités nécessaires pour sa validité, *les prête-noms seront tenus de revendre à la société tous les terrains acquis sous leurs noms*. Les contrats contiendront en faveur des porteurs de récépissés des bailleurs de fonds, des délégations spéciales et nominales sur les biens acquis de leurs deniers, pour couvrir en entier chacun d'eux des capitaux par eux versés, et des intérêts à six pour cent qui leur sont alloués. Le même acte contiendra, en leur faveur, une hypothèque sur les mêmes biens, laquelle viendra immédiatement après les sommes qui pourront rester dues aux vendeurs originaires ou aux prêteurs qui auront été subrogés à leurs droits conformément à l'article précédent.

En conséquence, pour remplir toutes les obligations provenant des formalités ci-dessus, les prix des contrats de vente qui seront passés par les prête-noms à la société, comprendront : 1° les sommes énoncées dans les contrats originaires ; 2° les douze pour cent auxquels ont été fixés à forfait les frais et faux frais de ces contrats, lorsqu'ils auront été passés devant notaire; 3° les frais d'enregistrement, de transcription et autres déboursés des contrats passés à la société, auxquels il ne pourra être ajouté que un pour cent d'honoraires pour les notaires, et le coût de l'inscription qui devra être prise au profit des bailleurs de fonds. Et dans le cas où les contrats de vente faits aux prête-noms seraient restés sous signature privée, et que ces contrats seraient passés alors directement à la société par les propriétaires, sans l'intermédiaire des prête-noms, il ne sera ajouté aux douze pour cent ci-dessus fixés que un pour cent d'honoraires pour refaire les actes; les frais d'enregistrement, de transcription et de toute espèce de négociation se trouvant alors compris dans ces douze pour cent, sauf les frais d'inscription au profit des bailleurs de fonds, qui seront toujours supportés par la société et pour cela ajoutés au prix de l'acquisition.

Article 15.

Les bailleurs de fonds auxquels doivent être hypothéqués, comme il vient d'être dit ci-dessus, les terrains rétrocédés à la société par les prête-noms, *devront supporter et consentir le prélèvement sur les terrains qui leur sont affectés des espaces nécessaires pour l'établissement des places, rues et chemins fixés dans les plans arrêtés pour l'opération.* Cette clause obligatoire pour tous les bailleurs de fonds devra être insérée dans la déclaration que les prête-noms feront lors des rétrocessions à la société.

Article 16.

Lors de ces rétrocessions consenties par les prête-noms au profit de la société, au moment où l'hypothèque sera donnée aux bailleurs de fonds, les récépissés de leurs versemens, seront remis par eux à Me Delamotte, et leurs titres, autres que les bulletins représentant des bénéfices, cesseront d'être au porteur et ne pourront être transmis que par la voie de cession et transport régulier; néanmoins les porteurs de procuration en règle des titulaires, seront admis à exercer leurs droits.

ARTICLE 17.

Attendu que les terrains ci-dessus ne prendront toute leur valeur qu'au moyen du nivellement et de l'établissement des rues, chemins, places et autres communications, *la société est autorisée à faire procéder à ces travaux*, à l'effet de quoi elle fera l'avance des fonds nécessaires ou elle les empruntera, en consentant des hypothèques qui seront reparties sur les terrains acquis *et devront primer celles des bailleurs de fonds.*

CHAPITRE IV.

Des reventes par la société, et du remboursement des bailleurs de fonds.

ARTICLE 18.

Les terrains acquis par la société seront revendus aux clauses, charges et conditions les plus avantageuses; *néanmoins s'il s'en trouve de situés dans les emplacemens des bassins, ports et entrepôts, il est convenu que ces parties de terrains seront rétrocédés à la compagnie des actionnaires du Canal maritime de la Seine, aux prix qu'ils auront coûté à la compagnie, en capital, intérêts, frais et autres charges supportés par elle, en exécution du présent acte.* Toutefois ces concessions ne pourront excéder cinq cents arpens. Il est également convenu que les terrains nécessaires pour les rues, chemins et places et autres communications telles qu'elles seront tracées dans les plans et cartes, ne pourront être compris dans les reventes.

ARTICLE 19.

Comme les soumissionnaires ont le plus grand intérêt de réunir tous les contrats de reventes et les quittances dans une ou deux études de notaire, la société ne consentira aucune revente qu'à la charge d'en passer le contrat chez le notaire de son choix; Me Delamotte, nommé précédemment notaire de la compagnie, recevra les quittances et autres actes.

Néanmoins les associés-gérans auront le droit de faire recevoir le quart ou le tiers de ces contrats par un autre notaire de leur choix. La quotité de ces contrats sera réglée, non par le nombre des actes, mais par le prix des ventes.

Les commissaires provisoires, nommés en l'art. 8, auront la faculté de faire ce choix et de s'entendre, pour cet objet, avec un ou plusieurs notaires de la ville de Paris.

ARTICLE 20.

Outre les droits et honoraires qui seraient dus à Me Delamotte, suivant l'usage, pour les contrats de reventes dont il est chargé, il lui sera alloué deux pour cent sur le prix des reventes, à titre d'honoraires, pour toutes les fonctions qui lui sont confiées, par la présente délibération.

Si les gérans ou les commissionnaires se décidaient à adjoindre un autre notaire pour le quart ou le tiers des contrats et actes accessoires, les honoraires seraient prélevés sur ceux des établis ci-dessus, dans la proportion des contrats qu'il serait autorisé à recevoir.

Article 21.

A mesure des reventes que fera la société, des terrains par elle acquis, le prix en sera employé aux échéances stipulées par les acquéreurs, ainsi qu'il suit : 1° sur la main-levée de l'inscription d'office ou des inscriptions de subrogation qui seront données par les vendeurs originaires et leurs subrogés, on fera payer à ces derniers ce qui pourra leur rester dû sur le prix de l'acquisition; 2° sur la main-levée des inscriptions prises pour les fonds employés aux nivellemens des constructions des rues, places et chemins, les prêteurs de ces fonds seront acquittés; 3° également sur le rapport de la main-levée donnée par les bailleurs de fonds de leurs inscriptions, on leur fera compter, par l'acquéreur, le capital et les intérêts qui leur sont dus. La quittance donnée par les vendeurs, les prêteurs et les bailleurs de fonds sera toujours à la charge de la société; jusqu'à ces paiemens les intérêts qui sont aujourd'hui servis par les commissaires, le seront de six mois en six mois par les gérans qui sont autorisés à appliquer à ce service les revenus des propriétés acquises et qui, en cas d'insuffisance, seront tenus d'en faire l'avance dont ils seront remboursés, ainsi qu'il sera exprimé ci-après; 4° Le surplus du prix de revente des terrains sera versé à la Banque de France pour le compte de la société.

ARTICLE 22.

S'il arrivait que, sur quelque partie de terrains, le prix des contrats de reventes fût insuffisant pour acquitter l'obligation prise envers les bailleurs de fonds et inscrite sur le terrain, la société pour remplir cette différence prendra les sommes qui excéderaient dans le prix des autres contrats de reventes, de façon à rendre égal le sort des bailleurs de fonds, et à assurer à tous le remboursement de leur mise en capital et intérêts.

Néanmoins, et de quelque manière que ce remboursement s'exécute, il devra être terminé en capital et intérêts, en trois années, à compter de la loi sur la concession du Canal maritime de la Seine; sinon les gérans en deviendront responsables à concurrence de leur mise sociale.

CHAPITRE V.

Des dettes de la société.

ARTICLE 23.

Les detttes de la société consisteront 1° dans le prix d'acquisition des terrains, dû aux vendeurs originaires; 2° dans les emprunts faits pour rembourser les vendeurs, conformément à l'art. 12 ci-dessus; 3° dans les frais de tout genre, tels qu'ils ont été ci-dessus fixés; et 4° dans les dépenses nécessaires pour le nivellement des terrains, la constrution et l'établissement des rues et places;

toute autre dette sera étrangère à la société et restera à la charge de ceux qui l'auront contractée ; les tiers n'auront action que contre eux seuls.

ARTICLE 24.

Les dettes, telles qu'elles viennent d'être définies, seront solidairement supportées par les gérans qui répondront en outre, de la restitution de la mise des bailleurs de fonds, mais *jusqu'à concurrence seulement de six cent mille francs par eux apportés.*

A l'égard des soumissionnaires comme commanditaires, ils supporteront sur les produits des reventes le prélèvement des dettes, le remboursement du capital versé par les bailleurs de fonds et même de l'apport des gérans ; il reste néanmoins entendu qu'ils n'affectent à ces prélèvemens et remboursemens que l'entreprise même par eux conçue et mise en société, de façon qu'ils n'auront droit à des bénéfices que lorsque les dettes et toutes les mises seront retirées, mais aussi de manière que dans aucun cas ils ne puissent être tenus de quoi que ce soit personnellement ou sur leurs biens, les soumissionnaires ne devant engager pour la société que leur commandite et rien autre chose.

Quant aux bailleurs de fonds, ils seront tenus des dettes, jusqu'à concurrence de leur commandite ; ce qui signifie seulement que leur hypothèque sera primée, ainsi qu'il a été dit, par les vendeurs et leurs subrogés, par les frais d'acte et par ceux de nivellement des terrains, établissement des rues et places.

CHAPITRE VI.

Des bénéfices et de leur répartition.

Article 25.

Tout ce qui restera, et devra être versé à la Banque de France, après le paiement des dettes et le remboursement aux bailleurs de fonds du capital et des intérêts de leur mise, constituera, avec l'excédant de la valeur des terrains non vendus, mais restés libres, le bénéfice à partager entre les associés en nom collectif et commanditaires.

Article 26.

Néanmoins, les associés voulant fixer d'avance, et à forfait, la portion de ces bénéfices revenant aux bailleurs de fonds, leur garantissent et s'obligent, mais sur leur mise seulement, *à leur payer, dans le délai de six ans, à titre de bénéfices, une somme égale à deux fois le capital de leurs avances, en principal;* ainsi, un bailleur de fonds qui aurait versé cent mille francs recevrait cent mille francs lors de la revente, et en donnant main-levée de son inscription, et deux cent mille francs au moment de la répartition des sommes déposées à la Banque de France.

Au moyen de ce paiement, à forfait, les commanditaires bailleurs de fonds n'auront aucun droit à l'excédant des bénéfices qui demeurera attribué aux autres intéressés dans la société, et dès ce moment ils cesseront d'en faire partie.

ARTICLE 27.

En conséquence, dès qu'il y aura à la Banque de France un fonds suffisant, provenant des reventes des terrains, pour faire un capital égal à celui versé par les bailleurs de fonds, il en sera fait une répartition entre tous les bailleurs de fonds. L'opération sera répétée pour la deuxième et dernière fois, aussitôt que les versemens à la Banque présenteront une somme suffisante pour parfaire le dernier capital dû auxdits bailleurs de fonds ; mais si ces répartitions ont lieu avant le délai de six ans, réservé par l'article précédent, pour le paiement des bénéfices à faire aux bailleurs de fonds, *ceux-ci seront tenus de souffrir une retenue ou un escompte de trois pour cent, pour chacune des six années qui resteraient à courir.*

ARTICLE 28.

Le surplus des bénéfices, consistant, comme il est dit en l'article 22, dans les sommes restées à la Banque, et dans la valeur des terrains devenue libre et disponible après les paiemens faits aux vendeurs, à leurs subrogés et aux bailleurs de fonds, restera la propriété exclusive des autres sociétaires, et sera reparti ainsi qu'il suit :

ARTICLE 29.

Les gérans prélèveront d'abord le montant de leurs avances de toute nature, et notamment pour paiement des intérêts des emprunts ou des mises des bailleurs de fonds, avec les intérêts à six pour cent desdites avances ; en second lieu, les six cent mille francs formant leur mise sociale ; ils prendront ensuite, au fur et à mesure, leurs frais de bureau, d'administration et d'entretien des biens.

Il jouiront chacun d'un traitement annuel de six mille francs, qui leur sera payé de six mois en six mois ; ils auront en outre, et pour leur tenir lieu de tout bénéfice, une prime de un et demi pour cent sur les premiers vingt-cinq millions de reventes, de deux pour cent sur les seconds vingt-cinq millions ; cette prime sera portée à trois pour cent sur toutes les reventes qui excéderont ces cinquante millions.

Le surplus des bénéfices de toute nature sera appliqué aux soumissionnaires et employés, et distribué ainsi qu'il va être dit.

CHAPITRE VII.

Usage et distribution des bénéfices revenant aux soumissionnaires.

Article 30.

L'excédant du produit des reventes, après l'exécution entière de tous les paiemens ci-dessus relatés, *sera appliqué d'abord au paiement des intérêts des actions du canal maritime de la Seine, si ces intérêts n'étaient pas acquittés au moyen d'autres dispositions.*

Toutefois, ces paiemens ne constitueront qu'une avance, dont le montant sera remboursé à la société, avec les intérêts, par les concessionnaires du canal maritime.

ARTICLE 31.

Dans la vue de tenir la société toujours en mesure de servir les intérêts des actions du canal, elle sera obligée *de conserver, en espèces ou en obligations des acquéreurs de terrains, ou en terrains libres et disponibles, une somme de vingt-deux millions cinq cent mille francs;* la société aura une autre réserve dans les mêmes valeurs *d'une somme de quarante millions, toujours destinée à être convertie en actions du canal,* en cas que le cours de ses actions vînt à baisser, et que le placement ne s'en fît qu'au-dessous du pair.

La société ne pourra disposer *des vingts-deux millions cinq cent mille francs affectés au service des intérêts à échoir des actions du canal,* qu'autant que les intérêts se trouveront assurés par les bénéfices réalisés des hausses des actions; si une partie seulement était garantie par ces bénéfices, la société ne pourrait disposer des vingt-deux millions cinq cent mille francs réservés, que jusqu'à concurrence de l'excédant des sommes nécessaires au service de ces intérêts.

Et à l'égard *des quarante millions applicables aux actions,* la société en disposera également à mesure que les actions formant les derniers quarante millions de l'émission générale stipulée dans l'acte de société pour le canal maritime, seront placées, sans ce secours, avec facilité et au-dessus du pair, aux époques qui auront été arrêtées.

Pour que les espèces qui formeront cette réserve ne restent pas improductives, la société les placera, autant qu'elle le pourra, sur des valeurs semblables à celles qui seront prises à cette époque, le plus habituellement par la Banque de France pour l'emploi de ses fonds.

ARTICLE 32.

Tout ce qui restera du produit des reventes, ou en terrains libres et non encore vendus après le paiement de toutes les charges ci-dessus déterminées, non compris les deux réserves réglées par l'article précédent, *sera employé à l'acquisition d'actions du canal, ou partagé en nature, suivant le plus grand avantage des intéressés.* Néanmoins, aucun partage en nature ne pourra avoir lieu tant que les actions du canal seront au-dessous du pair; dans ce cas, tout ce qui restera, après le prélèvement et les réserves ci-dessus, sera converti en actions, ou en totalité, ou au moins jusqu'à concurrence de ce qui sera nécessaire pour faire monter les actions au-dessus du pair.

ARTICLE 33.

Pour faciliter la répartition de ce qui restera après toutes les charges déduites, comme aussi pour la répartition des valeurs représentatives des deux réserves ci-dessus, ou des fonds de ces mêmes réserves qui resteront libres, il sera créé soixante coupons de dividendes. Chaque coupon sera divisé en douze parties ou numéros, ce qui fera sept cent-vingt numéros pour les soixante coupons. Ces coupons seront numérotés, signés par MM. Ardoin, Hubbard et compagnie, et visés par

Me Delamotte, notaire, et seront payables au porteur. Chaque numéro de coupon donnera droit de recevoir *un sept cent vingtième, soit dans la partie des actions du canal, soit dans les sommes ou valeurs qui doivent revenir aux soumissionnaires dans l'opération des terrains.* Ces coupons ou numéros seront délivrés incessamment aux ayant-droit; ceux des numéros qui n'auront pas reçu d'application resteront déposés dans les mains de Me Delamotte.

ARTICLE 34.

Les coupons des dividendes, ou les numéros par lesquels ils divisent, seront attribués aux soumissionnaires, dans la proportion de leur intérêt social, et aux autres ayant-droit, d'après les précédentes délibérations.

ARTICLE 35.

Dès qu'il y aura, dans les mains de la société, toutes charges et réserves déduites, ou 720 actions du canal, provenant de la conversion du produit des terrains, ou un million 440.000 fr. en espèces, *il sera réparti au porteur de chaque numéro ou une action du canal, ou* 2,000 fr. *en espèces.* Cette répartition continuera d'avoir lieu, jusqu'à l'épuisement du prix des reventes, aux porteurs des 720 numéros.

ARTICLE 36.

Les gérans dresseront, toutes les années, le compte général de leurs opérations, et les représenteront dans le courant de décembre à l'assemblée des commanditaires. Cette assemblée sera formée des bailleurs de fonds et des porteurs des 720 numéros de dividendes. Après la retraite des bailleurs de fonds, qui aura nécessairement lieu aussitôt après le remboursement de leurs mises et le paiement de leur bénéfice, l'assemblée ne se composera plus, jusqu'à la liquidation entière et définitive de toutes les reventes qui seront entrées dans la présente opération, que des porteurs des 720 numéros.

CHAPITRE VIII.

Dispositions dans le cas de rejet de la concession.

ARTICLE 37.

Dans le cas où, contre toute espèce de probabilité, la concession ne serait pas admise, malgré l'ordonnance royale du 16 février 1825, et l'immense avantage que doit en tirer le commerce et le gouvernement lui-même, toutes les dispositions ci-dessus énoncées envers les bailleurs de fonds, pour les acquisitions de terrains et envers les premiers vendeurs, recevront leur entière exécution.

ARTICLE 38.

Il en serait de même à l'égard des gérans et des porteurs des 720 numéros de coupons, en faveur desquels la répartition des produits des reventes continuera d'être faite, ainsi qu'elle est présentée ci-dessus.

Toutefois les terrains, qui entrent dans la présente opération, étant dans la position reconnue la plus favorable dans les environs de Paris, pour des besoins et des industries qui manquent d'emplacement, et cette localité pouvant devenir plus précieuse au moyen de deux ouvrages d'art qui rendront sa communication avec Paris très-rapide et peu coûteuse, la société est autorisée à emprunter la somme nécessaire pour la construction de ces deux ouvrages, sous la condition que les emprunts n'excéderont pas un million 200,000 fr., et que les hypothèques des prêteurs ne prendront rang qu'après celle des bailleurs de fonds.

La société sera tenue de donner connaissance de toutes ces dispositions, dans la quinzaine de sa formation, à l'assemblée générale des commanditaires.

CHAPITRE IX.

Dispositions générales et complémentaires.

Article 39.

Chaque bailleur de fonds, en recevant son récépissé, *sera tenu d'adhérer, par sa signature, à la présente délibération*, dont un double sera déposé entre les mains de MM. Ardoin, Hubbard et compagnie, et un autre en l'étude de Me Delamotte, notaire. En conséquence, *toutes les stipulations de cette délibération seront obligatoires pour les bailleurs de fonds et tous autres ayant-droit, de la même manière que s'ils l'avaient délibérée et adoptée en même temps que les soumissionnaires.*

ARTICLE 40.

L'acte de société dont la présente délibération contient toutes les bases, ne sera rédigé, enregistré et publié, *que lorsque le secret ne sera plus nécessaire à la prospérité de l'entreprise ;* jusque là, aucun des signataires ne sera reçu à en demander la nullité, *et si la loi prononçait, ce qui n'est pas à supposer, chacun des signataires y renonce d'avance, sous peine de tous dommages et intérêts qui pourraient en résulter.*

ARTICLE 41.

Toutes difficultés, soit sur la présente délibération, soit sur l'acte social à intervenir, sur leur validité comme sur leur exécution, n'importe à quelle époque et par qui elles seraient élevées, seront jugées par MM. Persil et Gautier, avocats, et Delagrange, avocat à la cour de cassation, que les signataires nomment pour leurs arbitres souverains, n'entendant, lesdits signataires, pour aucune difficulté qui pourrait s'élever entre eux, être justiciables des tribunaux, et voulant au contraire que, sous aucun prétexte, ils ne puissent être distraits de la juridiction de messieurs les arbitres de leur choix, qu'ils investissent du droit de juger toutes difficultés, même celles qui seraient relatives à la validité de la présente délibération, comme à la légalité de l'acte social qui le remplacera plus tard. *Renonçant, par les mêmes motifs, lesdits signataires, à attaquer la décision de messieurs les arbitres par aucune voie d'opposition, d'appel, de nullité, requête civile ou autre, leur décision devant faire loi entre toutes les parties.*

Fait et délibéré les jour, mois et an que dessus, en présence de M. Persil, conseil de la société, avec qui tout ce que dessus a été préalablement discuté pendant plusieurs séances.

Signé: Le comte de BOURMONT, le comte de BOUVILLE, le comte de JUIGNÉ, le comte de BERTIER, le vicomte de PRÉVAL, Ste-FARE BONTEMPS, STÉPHANE FLACHAT, ADOLPHE BOSSANGE, PIERRE BLAISOT, NICOLAS MORLIÈRE.

N° V.

ACTE SOCIAL

DE L'OPÉRATION SUR LES TERRAINS

PRÈS LE PORT DE L'ENTREPOT GÉNÉRAL DE PARIS.

Par devant M. Édilbert-Prosper Delamotte et son collègue, notaires à Paris, soussignés,

Furent présens :

M. Eugène d'Arnaud, *baron de Vitrolles*, ministre d'état, demeurant à Paris, rue Boudreau, n. 1.

M. Jacques-Joseph-Auguste-Anne *Ardoin*, banquier à Paris, demeurant rue Chauchat, n. 2.

M. Benjamin-Jean-Amédée *Jauge*, banquier, chevalier de la Légion-d'Honneur, demeurant à Paris, rue Neuve-du-Luxembourg, n. 29.

D'une part :

M. Louis-Auguste-Victor comte de *Chaisne de Bourmont*, pair de France, lieutenant-général des armées du roi, grand croix de l'ordre royal de la Légion-d'Honneur, commandant de l'ordre royal et militaire de St-Louis, demeurant à Paris, rue de l'Université, n. 17.

M. Louis-Jacques Grossin *comte de Bouville*, membre de la chambre des députes, demeurant à Paris, rue St-Guillaume, n. 11.

M. Jacques-Auguste-Anne-Léon *Leclerc comte de Juigné*, maréchal de camp, membre de la chambre des députés, chevalier de l'ordre royal de la Légion-d'Honneur, et chevalier de l'Ordre royal et militaire de St-Louis, demeurant à Paris, rue de la Ville-l'Évêque, n. 3.

Et Henri-Adolphe *Bossange*, libraire, demeurant à Paris, rue Cassette, n. 22.

Agissant tant en son nom personnel qu'au nom et comme fondé de procuration de M. Victor-Charles-Claude Demachy, ancien agent de change, demeurant à Garches, près St-Cloud, aux termes d'un acte passé devant Me Riant et son collègue, notaires à Paris, le 20 juillet 1826, enregistré, de laquelle procuration le brevet original est resté annexé à la minute des présentes, après que dessus mention de son annexe a été faite par les notaires soussignés, et encore comme se portant fort en tant que de besoin de faire ratifier le présent acte par M. Demachy, attendu la non-spécialité de la procuration ci-dessus énoncée et dans le plus bref délai.

M. Pierre-Nicolas *Morlière*, négociant, demeurant à Paris, rue Bourtibourg, n. 21.

M. Charles-Nicolas *Fessart*, négociant, demeurant à Paris, rue Michel-le-Comte, n. 26.

M. Pierre *Blaisot*, négociant, demeurant à Paris, Vieille rue du Temple, n. 122.

Soumissionnaires du canal maritime.

D'autre part.

M. Stéphane *Flachat*, ingénieur des mines, demeurant à Paris, rue Thiroux, n. 8.

M. Notaire-Beau-Nicolas-Marie *Ste-Fare Bontemps*, officier supérieur du génie, chevalier de l'Ordre royal de la Légion-d'Honneur, et de l'Ordre royal et militaire de St-Louis, rue de Castiglione, n. 12.

Egalement soumissionnaires du canal maritime de la Seine.

Aussi d'autre part.

Lesquels, avant de passer à l'acte de société que ces présentes ont pour objet,

Ont exposé ce qui suit :

MM. Stéphane *Flachat* et *St-Fare Bontemps* avaient reconnu, 1° que des avantages considérables devaient se trouver dans l'achat et la revente des terrains environnans près Paris, les bassins et ports du Canal maritime de la Seine et l'entrepôt général du commerce.

2° Que quelques mesures prises sur une partie de ces bénéfices au profit du canal maritime offriraient des garanties puissantes de l'achèvement des travaux de cette entreprise.

En conséquence, ils ont proposé aux soumissionnaires du canal de prendre à part cette opération de terrains dans la vue de s'assurer qu'il ne sera apporté aucun changement à la direction des tracés et des plans du canal, et surtout à la situation des bassins, ports et entrepôt, ce qui donnerait à la valeur de ces terrains un accroissement considérable.

MM. Stéphane *Flachat* et *Ste-Fare Bontemps* ont posé pour base de l'opération que les achats seraient portés à 4000 arpens environ, mais pas au-dessous de 3000 arpens, que le prix moyen par arpent, tous frais compris, ne pourrait dépasser 3000 fr., ce qui établirait le prix de tous les achats à 12 millions au plus

Que la moitié du prix des acquisitions serait payé comptant, et que les soldes seraient acquittés à leurs échéances, au moyen d'emprunts par subrogation aux priviléges des vendeurs.

En conséquence, et pour payer la moitié du prix de ces acquisitions, il serait créé un fonds social de 6,000,000.

Que ce fonds social serait rempli par des versemens de 25 mille fr. chaque, pour lesquels il serait délivré des récépissés au porteur.

Enfin, qu'il serait procédé au nivellement de ces terrains et au tracé des rues, places et chemins, et que ces travaux seraient exécutés au moyen d'emprunts.

Ces premières dispositions ont été acceptées par les soumissionnaires du canal et par quelques bailleurs de fonds; mais sous diverses conditions principales, et notamment, 1° Que cette entreprise serait régie par une société anonyme, dans laquelle les soumissionnaires du canal n'entreraient que pour leurs parts d'intérêts, et les bailleurs de fonds pour leurs versemens qu'à titre de commanditaires. 2° Que lorsque la société anonyme réunirait sous son nom tous les achats préparés par MM. Stéphane *Flachat* et *Ste-Fare Bontemps*, et déterminerait directement ces achats, elle souscrirait aux bailleurs de fonds des obligations pour le montant de son acquisition, et que ces obligations remplaceraient, entre les mains des bailleurs de fonds, ces récépissés de 25 mille fr.

3° Que des emprunts seraient faits par la société anonyme pour solder les vendeurs de terrains, pour faire le service de leurs intérêts et de ceux des récépissés, pour le nivellement des terrains, le tracé et l'établissement des rues, places et chemins, ainsi que pour les frais d'administration, et que ces emprunts n'excéderaient pas, savoir : six millions pour le solde des terrains, et quatre millions pour les intérêts dûs aux vendeurs des terrains et aux porteurs des récépissés, pour le nivellement des terrains, l'établissement des rues, places et chemins, et les frais d'administration, d'après les devis et états qui ont été dressés de ces diverses dépenses, ce qui porterait ces trois natures d'emprunts à dix millions.

4° Que les charges de la société se borneraient, avant la répartition des bénéfices aux paiemens des vendeurs ou des prêteurs qui seraient subrogés à leurs priviléges au remboursement de quatre millions pour le service des intérêts, pour les travaux ci-dessus indiqués et les frais d'administration dont les emprunts seraient inscrits après les soldes dues aux vendeurs de terrains, et enfin au paiement des hypothèques inscrites au profit des bailleurs de fonds, pour le versement du fonds social, le tout formant au plus six millions.

5° Que les bénéfices des bailleurs de fonds seraient traités à forfait, moyennant deux capitaux, c'est-à-dire, qu'un capitaliste qui aurait versé 25 mille fr., aurait droit à cinquante mille francs de bénéfices, outre le remboursement des 25 mille fr. versés, ce qui ferait ensemble 75 mille fr. Qu'a cet effet il serait créé une première série d'actions chacune de 50 mille fr., sous la dénomination de bulletin de bénéfices attribués aux bailleurs de fonds, qu'une de ces actions ou bulletin de bénéfices appartiendrait à chaque versement de 25 mille fr., et que ces actions ou bulletins de bénéfices seraient payés par préférence sur le produit des reventes après l'acquittement des trois natures d'hypothèques ci devant énoncées

6° Et enfin, qu'après l'acquittement intégral de tous les privilèges, hypothèques et actions ou bulletins de bénéfices rappelés ci-dessus, le surplus du produit des reventes appartiendrait tant aux sieurs Stéphane *Flachat* et *Ste-Fare Bontemps* qu'aux soumissionnaires du Canal maritime de la Seine, ou à ceux qui seraient autorisés à y participer, et que pour faciliter l'exercice de ces droits, il serait créé une seconde série d'actions au porteur, sous la dénomination d'actions industrielles ou coupons de soixantièmes; que ces coupons, au nombre de soixante, seraient divisés chacun en douze numéros, ce qui ferait sept cent vingt numéros; que l'excédant du prix des reventes serait reparti également et jusqu'à épuisement, et à mesure des rentrées entre ces sept cent vingt numéros.

Sous ces conditions principales, soit MM. le baron de Vitrolles, Ardoin et Jauge, comme porteurs des récépissés; soit MM. le comte de Bourmont, le comte de Juigné, le comte de Bouville, MM. Adolphe Bossange, tant en son nom qu'en celui de MM. Demachy, Blaisot, Morlière et Fessart, en qualité de soumissionnaires du canal maritime, ont déclaré à MM. Stéphane Flachat et Sainte-Fare Bontemps, agissant en la double qualité de soumissionnaires et de créateurs de l'opération, qu'ils étaient prêts, sous la foi de l'exécution des conditions ci-dessus, de faire partie de la présente société anonyme, en qualité d'actionnaires commanditaires, sans autre responsabilité que celle établie par le Code de commerce pour les sociétés anonymes, laquelle ne peut s'étendre qu'aux actions dont chaque actionnaire est porteur, à quelque titre que ce soit.

En conséquence, et d'après cette adhésion, la société anonyme proposée a été créée et organisée ainsi qu'il suit :

CHAPITRE PREMIER.

Formation de la société anonyme, son objet, sa dénomination, sa durée.

Article premier.

Il est créé par les présentes une société anonyme qui a pour objet, d'après les formes et conditions ci-après, l'achat et la revente des terrains qui sont situés près les bassins et ports de Paris et près l'entrepôt général du commerce, à la tête du Canal maritime de la Seine.

Cette société anonyme est formée entre les sus-nommés et ceux qui, à raison de leurs qualités ou de leurs versemens de fonds, auraient droit à des bulletins de bénéfices attachés aux versemens de fonds formant la première série des actions, ou à des actions industrielles formant la seconde série, sous la dénomination de numéros de soixantièmes, et qui auront signé le présent acte ou y auront adhéré.

Article 2.

La dénomination de la société anonyme sera: *Opérations sur les terrains près le port et l'entrepôt général de Paris.*

La demande de l'autorisation pour constituer la présente société ne sera formée que lorsque tous les versemens de fonds social, tel qu'il est ci-après déterminé, seront complets. Cette société sera mise en pleine activité, à compter de l'ordonnance d'autorisation; sa durée sera de dix années à compter de la date de cette ordonnance.

Article 3.

Les terrains qui seront acquis pour le compte de la société seront portés à la quotité au moins de trois mille arpens, mais pas au-delà de quatre mille arpens, à moins que sur le fonds social, destiné au paiement de la moitié du prix de ces achats, il ne reste un excédant qui permettrait de faire des achats plus considérables; le prix moyen des achats est fixé à trois mille francs l'arpent, tous frais compris.

CHAPITRE II.

Achat des terrains, fonds social, division des intérêts, deux séries d'actions.

Article 4.

Le prix de tous les achats ne pourra s'élever au-delà de douze millions, tous frais compris; la moitié de ce prix sera payée comptant, à l'effet de quoi le fonds social destiné à ces paiemens est fixé à six millions; l'autre moitié du prix sera payée au moyen d'emprunts qui seront faits par subrogation au privilége des vendeurs.

Le fonds social sera formé par des versemens qui ne pourront être moindres de 20,000 francs chaque, et qui produiront intérêt à six pour cent, payable le 1er avril et le 1er octobre de chaque année.

Article 5.

Aussitôt après l'ordonnance qui autorisera la constitution de la société anonyme, les administrateurs procéderont à l'acquisition des terrains; ils souscriront au profit de chaque bailleur de fonds des obligations avec hypothèque spéciale sur les terrains acquis au moyen de ces versemens; les récépissés qui auront été précédemment donnés, seront retirés et annulés lors de la signature de ces obligations.

Article 6.

Les administrateurs emprunteront en cette qualité les sommes qu'ils jugeront convenables pour solder tout ou partie de ce qui restera dû aux vendeurs de terrains pour faire le service des intérêts des vendeurs et des bailleurs de fonds, pour le nivellement des terrains, l'établissement des rues, places et chemins, et les frais d'administration. Mais ces emprunts ne pourront pas dépasser, savoir : celui pour les soldes des vendeurs, 6,000,000, et pour les trois autres objets, 4,000,000, ensemble 10,000,000.

Pour faciliter ces emprunts, les administrateurs sont autorisés à accorder aux prêteurs, d'abord un intérêt annuel de six pour cent, et en outre des primes décroissantes d'après les bases adoptées dans les emprunts de la ville de Paris, pourvu que l'ensemble de ces primes n'excède pas six pour cent par an du capital emprunté.

Pour les emprunts relatifs au service des intérêts, aux travaux sur les terrains et aux frais d'administration, les administrateurs donneront des hypothèques, qui viendront après les priviléges des vendeurs de terrains, et avant les inscriptions des bailleurs de fonds; à l'effet de quoi, lors de leurs versemens, les bailleurs de fonds seront tenus de consentir à cette priorité d'hypothèque.

ARTICLE 7.

Les soldes des prix de ventes dus aux vendeurs des terrains, en capital et intérêts, les emprunts pour le service des intérêts et pour les travaux dont la société anonyme est chargée, les frais d'administration et les obligations souscrites au profit des bailleurs de fonds pour leurs versemens, seront considérés comme des charges de la société anonyme, dont les paiemens devront être faits sur les premiers produits des reventes dans l'ordre établi dans l'article précédent avant tous autres emplois ou répartitions; le surplus de ces produits sera distribué ainsi qu'il suit :

ARTICLE 8.

La part d'intérêt des bailleurs de fonds est définitivement fixée à forfait, comme elle l'a été précédemment à deux capitaux de bénéfices, outre le remboursement du capital versé, c'est-à-dire à 50,000 francs de bénéfices pour 25,000 francs de versement, en tout 75,000 francs ; les bulletins de bénéfices donnant droit chacun à 50,000 francs de bénéfice, qui auront été délivrés aux bailleurs de fonds, lors de leurs versemens, seront échangés par les administrateurs contre de nouveaux bulletins qui seront revêtus de la signature de la société anonyme. Ces bulletins seront de même nature, en même nombre, et donneront les mêmes droits que les précédens qui seront annulés à mesure d'échange.

Ces nouveaux bulletins composeront la première série d'actions; cette première série devra être acquittée immédiatement après les obligations, dont les formes seront réglées dans les articles suivans.

ARTICLE 9.

Après l'acquittement intégral des bulletins de bénéfices ou actions de la première série, tous les produits de reventes appartiendront aux actions industrielles formant la seconde série : ces actions seront composées de soixante coupons de dividendes, divisés chacun en douze numéros, ce qui fait en tout sept cent vingt numéros ou sept cent vingt actions industrielles. Ces coupons de soixantièmes ont été repartis entre les sieurs Stéphane Flachat et Ste-Fare Bontemps comme créateurs de l'opération, et tous les soumissionnaires à raison de leurs parts d'intérêts dans l'entreprise du canal, et aux autres personnes qui avaient droit à cette répartition. Un état de cette répartition indiquant le nombre de soixantièmes ou de numéros qui appartiennent aux créateurs de l'opération et aux soumissionnaires, d'après leurs parts d'intérêts dans le canal maritime, la quotité des soixantièmes en réserve de ceux qui ont déjà été repartis et de ceux qui restent disponibles, représentés par les soumissionnaires du canal maritime, est demeuré annexé à la minute des présentes, après avoir été par eux reconnu juste et exact, signé et paraphé en présence des notaires soussignés.

Les administrateurs retireront ces sept cent vingt numéros des mains des porteurs, aussitôt après l'ordonnance d'autorisation de la société anonyme, et ils les échangeront contre des actions industrielles, au nombre de sept cent vingt composant la seconde série d'actions. C'est, outre cette série d'actions que sera distribuée la partie des produits des reventes qui vient d'être indiquée, jusqn'à extinction de ces produits. Ces sept cent vingt action industrielles seront revêtues de la signature de la société anonyme.

Néanmoins les répartitions au profit de la seconde série d'actions n'auront lieu qu'après la formation de deux réserves et les dispositions qui vont être établies dans les articles suivans, sur cette partie des produits des reventes.

ARTICLE. 9 *bis*.

Les actions de la première comme de la deuxième série,

pourront être converties en actions nominatives sur la demande que les porteurs en feront à l'administration, et les transferts de ces actions nominatives seront constatés sur un registre que l'administration devra tenir à cet effet. Ces actions nominatives pourront, de même, sur la demande du titulaire, être converties en actions au porteur.

ARTICLE. 10.

Les actionnaires porteurs d'actions, de la première comme de la deuxième série, ne seront, dans tout événement possible, responsables et engagés qu'à concurrence de leurs actions, aucune recherche au-delà de ces actions ne pouvant être exercée contre eux.

CHAPITRE III.

Attributions de l'assemblée générale, conseil d'administration, censeurs, directeurs, leurs fonctions.

ARTICLE. 11.

L'assemblée générale sera composée des porteurs des deux cent quarante bulletins de bénéfices, formant les actions de la première série, et des sept cent vingt numéros des soixante coupons de dividendes, formant les actions industrielles de la seconde série. Les porteurs des deux séries d'actions exerceront indistinctement les mêmes droits.

Pour jouir d'une voix délibérative, il faudra être porteur de quatre actions ou bulletins de bénéfices de la première série, ou de douze numéros des soixante coupons de dividendes de la seconde série des actions, ou de deux actions de la première série et de six numéros ou actions de la seconde série, ce qui formera en tout cent vingt voix. Les femmes et les mineurs, quoique porteurs d'actions, ne pourront voter personnellement. Tous porteurs d'actions nominatives pourront se faire représenter par des fondés d'un pouvoir spécial.

Les résolutions de l'assemblée générale seront prises à la majorité des voix des actionnaires présens ; le compte des votes ne sera pas fait par tête, mais par le nombre des actions dans les mains des votans. Une assemblée ne sera régulièrement composée qu'autant que la moitié des voix sera représentée. L'assemblée sera présidée par l'administrateur le plus âgé ; le directeur sera secrétaire de l'assemblée. Les actions devront être déposées au commencement de la séance entre les mains du président et du secrétaire ; un état des votans et du nombre de leurs votes sera dressé et signé par le président et le secrétaire ; les actions seront rendues à la fin de l'assemblée. Il y aura chaque année une assemblée générale dans le courant d'avril ; les convocations seront faites par deux insertions successives dans les journaux ; l'assemblée se tiendra au domicile de la société.

Article 12.

Le conseil d'administration sera composé de cinq administrateurs qui ne seront choisis que parmi les porteurs, soit des récépissés, soit des numéros de soixantièmes, et parmi les porteurs de bulletins de bénéfices, après l'échéance des récépissés de vingt-cinq mille francs contre les obligations de même somme.

Les administrateurs auront seuls voix délibératives dans ce conseil ; ces délibérations seront arrêtées à la majorité des voix des administrateurs présens. Il suffira de la présence de trois administrateurs pour qu'une délibération soit valable. Il y aura deux censeurs et un directeur.

Article 13.

Les attributions de l'assemblée générale seront 1° d'entendre les comptes et le rapport qui seront présentés par le conseil d'administration sur les opérations de la société, les observations des censeurs sur ces comptes et rapports ; 2° de procéder au renouvellement du conseil d'administration et des censeurs, à l'époque ci-après désignée ; 3° de prononcer sur tous les cas, sans néanmoins apporter aucune dérogation aux bases posées dans le présent acte.

Les fonctions des administrateurs sont de régler le régime intérieur et extérieur de la société, de délibérer et arrêter tous les contrats d'acquisition, de reventes, les obligations, les emprunts ; de régir tous les biens acquis, de faire tous les actes administratifs, prévus ou non prévus ; de nommer sur les propositions du directeur tous les employés, fixer leurs appointemens, les destituer, et enfin, convoquer les assemblées extraordinaires lorsqu'ils le jugeront nécessaires.

Les membres du conseil d'administration ne contractent aucune obligation, ni aucune responsabilité solidaire ou individuelle, relativement à leur qualité et aux engagemens, obligations, achats, reventes, et autres actes de gestion de quelques nature qu'ils soient, souscrits par eux au nom de la société anonyme.

Les fonctions de censeurs sont de vérifier pendant tout le cours de l'année toutes les opérations du conseil d'administration, les écritures, les rapports du directeur et sa gestion, de faire sur le tout des rapports à l'assemblée générale des actionnaires, et proposer telles mesures qu'ils jugeront convenables.

Les fonctions du directeur comprennent l'exécution de toutes les délibérations de l'assemblée générale et du conseil d'administration; en conséquence il sera tenu de confectionner et signer tous les actes d'achats, de reventes, d'emprunts, les obligations et autres actes administratifs quelconques, délibérés par le conseil d'administration, mais pour engager la société, ces actes devront être revêtus du visa de deux administretaurs.

Article 14.

Attendu que le présent acte est signé par la majorité des votans qui composent l'assemblée générale, que chaque bailleur de fonds donnera son approbation à cet acte en recevant ses récépissés et bulletins de bénéfices, et qu'il est du plus grand intérêt pour le succès de l'opération que les nominations soient faites sans retard, les soussignés ont dès à présent nommé MM. *Ardoin*, banquier, *Jauge*, banquier, et Stéphane *Flachat*, ingénieur des mines, tous intéressés dans l'opération, comme porteurs de récépissés ou de numéros de soixantièmes, pour membres du conseil d'administration de la présente société anonyme, M. le *comte de Juigné*, membre de la Chambre des Députés, pour l'un des censeurs; les deux autres administrateurs seront incessamment nommés. Ce choix ne pourra être fait qu'à l'unanimité des trois administrateurs ci-dessus dénommés, et à la majorité des autres signataires du présent acte

Le second censeur sera nommé à la majorité des signataires du présent acte.

Les administrateurs nomment à la majorité le directeur de la société anonyme ; ils procéderont à ce choix aussitôt que le nombre des administrateurs sera complet. Le directeur pourra être révoqué par le conseil d'administration.

ARTICLE 15.

Les fonctions des administrateurs et des censeurs nommés en exécution de l'article précédent, dureront six années, à compter de l'ordonnance qui autorisera la présente société, il sera procédé à une nouvelle nomination à la fin de la sixième année, par l'assemblée générale. Les fonctions des nouveaux administrateurs et censeurs dureront jusqu'à l'expiration des dix années, terme de la société ; les anciens administrateurs et censeurs seront rééligibles.

CHAPITRE IV.

Des reventes des terrains et de l'emploi de leurs produits.

ARTICLE 16.

Les administrateurs procéderont à la revente des terrains par eux acquis pour le compte et au nom de la société.

Les arpens, situés sur le port et dans d'autres positions favorables, ne seront pas vendus pendant les deux premières années, à compter de la loi sur la concession, moins de quarante mille francs l'arpent, et ceux dans des positions moins avantageuses, au-dessous de vingt-quatre mille francs. Les démarcations relatives à ces deux natures de terrains seront établies par des teintes différentes dans les plans qui seront remis aux administrateurs, après l'ordonnance qui autorisera la société anonyme.

Les terrains compris dans les emplacemens des bassins, ports et entrepôts du canal maritime de la Seine d'après les plans et cartes, seront cédés aux concessionnaires du canal maritime, au prix qu'ils auront coûté à la présente société anonyme, en capital, intérêts, frais et autres charges supportées par elle en exécution du présent acte. Toutefois, ces cessions ne pourront excéder *cinq cents arpens.*

Les terrains pour les rues, places et chemins, et établissemens publics, tels qu'ils sont tracés dans les plans, ne devront pas être compris dans les reventes.

ARTICLE 17.

Tous les contrats d'acquisition et de revente ne seront consentis par la société anonyme, qu'à la charge d'en passer les actes chez Me Delamotte, l'un des notaires soussignés, qui sera exclusivement le notaire de la société anonyme ; il recevra tous les actes d'achat et de revente de terrains, et tous actes relatifs à l'administration de cette société.

Néanmoins, dans le cas qu'un autre notaire aurait fait faire des versemens, au moins à concurrence de quarante-huit récépissés, un quart ou un tiers des contrats de revente pourront être passés chez ce notaire; mais ce choix devra être fait dans les deux mois qui suivront la signature du présent acte, sinon, ce choix n'aura pas lieu. La division de ces contrats entre les deux notaires serait jugée, en ce cas, non par le nombre des actes, mais par le prix des ventes.

Les honoraires qui seront dus à Me Delamotte, suivant l'usage pour les contrats de revente, sont indépendans des droits qui lui ont été précédemment alloués par les sieurs Stéphane Flachat et Sainte-Fare Bontemps, sur le prix des reventes à titre d'honoraires pour toutes les négociations dont il a été chargé dans l'intérêt de la présente société : ces droits sont reconnus et adoptés par toutes les autres parties intéressées dans la présente société.

ARTICLE 18.

L'emploi des produits des reventes sera fait par les administrateurs dans l'ordre ci-après :

1° Les premiers fonds provenant des reventes de chaque propriété seront appliqués à payer ce qui restera dû aux vendeurs de terrains, en capital et intérêts, ou aux prêteurs, subrogés à leurs priviléges;

2° A rembourser les emprunts que les administrateurs sont

autorisés à consentir pour les travaux de nivellement des terrains, et pour l'établissement des rues, places et chemins, pour le service des intérêts de toute nature dus par la société anonyme, et pour les frais d'administration;

3° A payer à chaque bailleur de fonds le montant de l'obligation en capital et intérêts, qui aura été souscrite à son profit par la société anonyme, en remplacement des récépissés de vingt-cinq mille francs dont il était porteur;

4° A faire des répartitions entre les porteurs de deux cent quarante actions ou bulletins de bénéfices, formant la première série des actions, dès qu'il y aura quinze pour cent disponibles du montant de ces bulletins. Ces répartitions auront lieu jusqu'à ce que ces deux cent quarante actions soient entièrement acquittées;

5° Et, enfin, tout le surplus du produit des reventes sera reparti aux soixante coupons de dividendes, ou aux sept cent vingt numéros formant la seconde série des actions, mais cette disposition est subordonnée aux deux reserves ci-après consenties, et qui devront être préalablement faites et employées aux époques et suivant les conditions qui seront réglées dans les articles suivans.

Article 19.

Pour que les bailleurs de fonds soient plus promptement remboursés en capital et intérêts des obligations souscrites à leur profit, et pour qu'il y ait plus d'égalité dans l'exercice de leurs droits, les administrateurs seront tenus, lors de chaque revente, de former un fonds particulier avec la partie du prix qui restera disponible après le paiement, 1° du solde dû au vendeur de terrains ou à des subrogés, 2° de la portion de l'emprunt inscrite sur le terrain vendu, 3° et enfin, de l'obligation au profit du bailleur de fonds hypothéqué sur le terrain.

Article 19 *bis*.

Ce fonds particulier sera distribué entre tous les bailleurs de fonds toutes les fois qu'il s'élevera à 10 p. o/o du capital et des intérêts qui leur seront dus pour le montant des obligations dont ils restent encore créanciers. Les bailleurs de fonds qui recevront, au moyen de ces distributions, tout ou partie des obligations souscrites à leur profit, consentiront successivement la réduction de leur hypothèque aux sommes qui leur resteront dues. Ces répartitions continueront jusqu'à l'extinction de toutes les obligations.

Article 20.

Les administrateurs, après l'acquittement des obligations ci-dessus, feront procéder aux répartitions des produits des reventes entre les deux cents quarante actions de la première série, lesquelles donnent droit chacune à concurrence de cinquante mille fr. dans ces produits, ce qui fait en tout la somme de douze millions.

Ces distributions auront lieu dès qu'il y aura dans la caisse de la société un million huit cent mille francs provenant du produit des reventes appartenant à cette répartition, et continueront jusqu'à l'acquittement entier du capital de ces actions, lesquelles ne produisent aucun intérêt; les paiemens successifs seront établis dans des bordereaux arrêtés par les administrateurs, acquittés en marge par les porteurs d'actions. Ces paiemens seront estampillés sur chaque action.

Lors de la répartition qui soldera ces actions, elles seront retirées à mesure d'acquittement, et annulées, et les porteurs de ces actions ne feront plus partie de l'assemblée générale, qui, dès-lors, sera réduite aux porteurs des actions de la seconde série.

Article 21.

Comme le but principal de l'opération sur les terrains a été d'assurer le service des intérêts des actions du canal maritime, ainsi que leur émission par des moyens étrangers à cette entreprise, les administrateurs formeront, sur les rentrées des reventes, une première réserve de vingt-deux millions cinq cent mille francs après l'acquittement des charges de l'opération des terrains et des bénéfices accordés aux bailleurs de fonds. Cette réserve est destinée à faciliter, à titre d'avance, le service des intérêts des actions du canal pendant la durée des travaux et jusqu'à l'ouverture de la navigation.

Après la formation de la première réserve, les administrateurs en composeront une seconde sur les rentrées successives des reventes ; cette seconde réserve sera de quarante millions ; elle est destinée à être convertie en actions du canal, pourvu toutefois que les achats de ces actions n'aient pas lieu au-dessus du pair.

ARTICLE 22.

Les administrateurs de la société anonyme remettront les fonds disponibles de ces deux réserves aux directeurs généraux du canal pour que ceux-ci fassent le service des intérêts de leurs actionnaires et les achats des actions du canal. Lors de ces remises de fonds, les directeurs généraux du canal fourniront aux administrateurs des terrains l'engagement de rembourser les sommes appliquées au service des intérêts des actions aux époques et suivant les conditions qui ont été stipulées dans l'acte de société du canal, et par rapport aux actions du canal, les directeurs généraux seront tenus de les remettre aux administrateurs des terrains, sur leur décharge, dans la huitaine des acquisitions.

ARTICLE 23.

Si les directeurs généraux du canal ont assuré en tout ou en partie le service des intérêts des actions du canal, si l'émission entière de ces actions est faite ou garantie au pair, les directeurs généraux du canal en préviendront les administrateurs des terrains qui, dès-lors, deviendront libres de repartir entre les actions de la seconde série tous les produits des reventes des terrains, à mesure des rentrées, sinon ces répartitions n'auront lieu qu'à mesure que les directeurs généraux restitueront les sommes prêtées pour le service des intérêts des actions du canal, ou qu'ils rapporteront les actions qu'ils auront achetées pour en soutenir le prix.

Les produits des reventes qui excéderont les deux réserves seront répartis séparément et sans retard.

Ces distributions se feront entre tous les porteurs des actions de la seconde série toutes les fois qu'il y aura en caisse un million quatre cent quarante mille francs, soit en espèces, soit en actions du canal quelle que soit leur provenance.

ARTICLE 24.

Aussitôt que la loi sur la concession du canal maritime sera rendue, ainsi que l'ordonnance qui autorisera la société anonyme, les directeurs généraux du canal se réuniront avec le conseil d'administration de la société anonyme des terrains et les deux censeurs, et ils délibéreront sur les moyens d'après le cours des actions du canal, les prix des terrains, le nombre et la facilité des reventes, de payer les intérêts des actions industrielles du canal pendant la durée des travaux, intérêts qui ne s'élèveront qu'à sept cent cinquante mille francs par an pour les sept mille cinq cents actions industrielles. Ce service particulier d'intérêts ne pourra être établi qu'autant qu'il n'apportera aucun dérangement dans la formation des deux réserves et à l'application de leurs fonds.

CHAPITRE V.

Droits et avantages des administrateurs et du directeur, dispositions générales en cas d'inexécution de la société anonyme.

Article 25.

Les cinq administrateurs jouiront d'une prime de deux pour cent sur les vingt-cinq premiers millions provenant du prix des ventes et de deux et demi pour cent sur les seconds vingt-cinq millions. Cette prime sera portée à 3 pour cent sur toutes les reventes qui excéderont cinquante millions.

Si les bailleurs de fonds étaient remboursés avant six années, à compter de la loi de la concession du canal, du montant des actions de la première série, les porteurs de ces actions seront tenus de souffrir, sur les sommes payées par anticipation, une retenue de trois pour cent pour chacune des six années qui resteraient à courir; cette retenue s'opérera sur les derniers, paiemens.

Ces primes et escomptes seront répartis également entre les cinq administrateurs; mais ils ne seront payés qu'après le remboursement des obligations au profit des bailleurs de fonds.

Les administrateurs en seront crédités jusqu'à cette époque, et ils seront ensuite prélevés à mesure des ventes.

Les administrateurs jouiront, en outre, chacun d'un prélèvement de douze mille francs par année, ainsi que le directeur; celui-ci exercera une retenue de 5 pour cent sur toutes les primes et escomptes revenart aux administrateurs, ce qui fait cinquante mille francs pour chaque million reparti aux administrateurs.

ARICLE 26.

Si, à l'époque qui est ci-dessus fixée pour la demande en autorisation de la société anonyme, cette société, pour quelque cause que ce soit, ne pouvait être organisée, ce qui n'est pas présumable, une société collective et en commandite remplacera la société anonyme. Les administrateurs, choisis pour la société anonyme, seront, de droit, gérans de la société collective. Il suffira que trois administrateurs acceptent les fonctions de gérans pour que cette société collective soit régulièrement constituée, sans obliger les deux autres administrateurs d'en faire partie.

La mise sociale des gérans sera la même que celle fixée pour les administrateurs, ainsi que les droits, commissions, prélèvemens et autres avantages. Les stipulations de cet acte doivent être faites de manière que les engagemens des gérans ne s'étendent pas au-delà de leur mise sociale, à moins qu'ils ne consentent unanimement, ou trois d'entre eux, à leur donner plus d'extension.

ARTICLE 27.

En cas que, contre toute vraisemblance, la concession du canal, de ses bassins, ports et entrepôts, ne serait pas admise, la cession des cinq cents arpens n'aurait pas lieu, la destination des terrains acquis serait changée, la prise des reventes ne serait soumise à aucune des deux réserves précédemment énoncées, une assemblée générale serait convoquée. La destination nouvelle des terrains lui serait présentée, ainsi que les plans et devis des travaux à exécuter, pour mettre en usage cette nouvelle application des terrains.

ARTICLE 28.

L'assemblée arrêterait les plans et devis des nouveaux travaux, l'emprunt destiné au nivellement des terrains serait appliqué à ces nouveaux travaux, toutes les autres dispositions, adoptées dans les articles précédens, pour les reventes des terrains, pour la distribution des prises de revente aux obligations des bailleurs de fonds, aux paiemens de leurs bulletins de bénéfices, aux remboursemens des emprunts, ainsi qu'aux distributions du solde des prix des reventes entre les sept cent vingt numéros des soixante coupons seraient exécutées dans toute leur étendue, sans aucune innovation ni dérogation aux droits des divers intéressés.

ARTICLE 29 ET DERNIER.

Toutes les difficultés sur la présente société anonyme, sur sa validité, comme sur son exécution à quelque époque et par quelque personne qu'elles soient élevées, soit entre les signataires du présent acte, soit entre ceux qui y auraient adhéré, soit entre les signataires et les adhérens, soit entre l'administration et les actionnaires, seront jugées souverainement et en dernier ressort par trois arbitres que les soussignés nommeront amiablement, sinon et à défaut ces arbitres seront nommés d'office par le tribunal de commerce de Paris. Les parties ci-dessus intéressées n'entendent pas qu'elles puissent, sous aucun prétexte, être distraites de la juridiction des arbitres de leur choix, qu'elles investissent du droit de juger toutes les contestations, même celles relatives à la légalité du présent acte, voulant expressément lesdites parties que, sur chaque difficulté à juger, il n'y ait que trois arbitres, l'un en demandant, l'autre en défendant, et le sur-arbitre, quel que soit le nombre des parties intéressées dans la demande ou la défense. Lesdites parties renoncent en outre à attaquer la décision arbitrale par aucune voie d'opposition, d'appel, de nullité, requête civile et demande en cassation.

C'est ainsi que le tout a été convenu et arrêté entre les parties qui, pour l'exécution des présentes, font élection de domicile en leurs demeures sus-désignées, auxquels lieux nonobstant promettant, obligeant, renonçant.

Fait et passé à Paris, pour M. le baron de Vitrolles, en sa demeure et pour toutes les autres parties, en l'étude, les 11 et 12 juillet 1827, en présence de Me Persil, avocat à la Cour royale de Paris, y demeurant, rue du Four-Saint-Germain, n° 44.

Et ont toutes les parties, et ledit Me Persil, signé avec les notaires après lecture.

N° VI.

CANAL MARITIME DE LA SEINE.

OPÉRATION SUR LES TERRAINS.

DIVISION DES BÉNÉFICES

En 60 coupons, conformément à l'article 9 de la délibération du 31 mars 1827.

DIVISION DE CHAQUE COUPON PAR DOUZIÈMES.

PREMIER DOUZIÈME DU COUPON N° 22.

Le présent douzième de coupon, délivré en exécution de la délibération prise par les soumissionnaires du Canal maritime de la Seine, le 31 mars 1827, donnera droit à un sept cent vingtième de ce qui sera disponible du produit des reventes des terrains, après paiement des sommes employées aux achats, le prélèvement des bénéfices attribués aux bailleurs de fonds, et après le paiement de tous les frais et charges établis dans ladite délibération du 31 mars 1827.

Ce paiement aura lieu au moyen de répartitions entre tous les porteurs de douzièmes de coupons. Il sera fait en argent ou en actions du canal, ainsi qu'il est réglé par ladite délibération. Les répartitions seront continuées jusqu'à l'extinction du prix des reventes.

Le présent douzième de coupon est au porteur. Il sera échangé contre un pareil titre, signé par les administrateurs de la société anonyme, qui doit être constituée pour l'opération des terrains, en exécution de l'article 13 de la délibération ci-dessus.

Paris, ce 25 février 1828.

Signature du notaire de l'opération.

DELAMOTTE.

N° VII.

CANAL MARITIME.

Extrait du rapport de la commission d'ingénieurs, MM. de Prony, Dutens et Cavenne, rapporteurs.

EXPOSITION.

Le conseil-directeur institué *suivant les indications* de l'ordonnance du 16 février 1825, a nommé, *vers le* 1er *mars* 1826, la commission d'ingénieur pour examiner les porjets et les devis relatifs au canal.

Autorisés et encouragés par M. le directeur-général des ponts-et-chaussées, MM. les ingénieurs ont accepté cette mission importante, dans le désir de ne pas tromper l'attente du *conseil directeur.*

M. le *baron Dupin* se présenta comme chargé de remettre les projets; il annonça qu'il avait organisé le service des travaux, que c'était à ses recherches qu'on devait la ligne suivie, qu'il avait désigné à chacun des ingénieurs son point de départ et son point d'arrivée, qu'il avait donné les dimensions du profil en travers, telles qu'il les avait fait approuver *par le conseil-directeur.*

A cet égard, la compagnie observe que l'on s'est trompé sur la part prise par M. le baron Dupin aux travaux du canal maritime, qu'il n'a eu connaissance de l'entreprise qu'après l'ordonnance royale, et que la direction des travaux ne lui a été que momentanément confiée. La compagnie, au reste, reconnaît que les talens de M. Dupin lui ont souvent été utiles.

Pendant une année, cette commission d'ingénieurs n'a pu

s'occuper que de la partie du canal *entre Bezous et Rouen*. *MM. les membres du conseil-directeur*, dans une lettre du 23 janvier 1827, ayant invité dans l'intérêt de la compagnie, *à ajourner la partie entre Paris et Bezous*, afin que les terrains à occuper par cette portion supérieure du canal *et par les entrepôts qui la termineront, n'y fussent pas un objet d'agiotage* *.

* D'après la souscription, c'était à la plaine de Grenelle que le port et les entrepôts étaient situés, le changement, s'il en existe, est un mystère que le conseil-directeur recommande dans l'intérêt de la compagnie.

N° VIII.

GARE DE SAINT-OUEN.

PRÉFECTURE DU DÉPARTEMENT DE LA SEINE.

EXTRAIT DE L'ORDONNANCE DU ROI.

CHARLES, etc., etc.

Sur le rapport de notre ministre secrétaire-d'état au département de l'intérieur.

Vu la pétition présentée, le 9 janvier 1826, par les sieurs ARDOIN HUBBARD et Cie, tendante à être autorisés à établir une gare sur la rive droite de la Seine, entre Saint Ouen et Clichy.

Vu le plan de la gare projetée, le rapport des ingénieurs du département de la Seine, et l'avis du conseil général des ponts-et-chaussées du 9 mai 1826.

Notre conseil d'état entendu :

Nous avons ordonné et ordonnons ce qui suit :

ART. PREMIER.

Les sieurs ARDOIN HUBBARD et Cie sont autorisés à emprunter à la Seine un volume d'eau suffisant pour alimenter la gare qu'ils se proposent d'établir sur leur propriété entre Saint-Ouen et Clichy, département de la Seine.

ART. 2.

La largeur de la prise de la gare et celle de la sortie sont fixées à dix mètres mesurés à la hauteur de l'étiage.

ART. 3.

L'ouverture de la prise d'eau sera disposée de manière à ce que la compagnie puisse, à la première réquisition qui lui en sera taite, y établir un barrage en poutrelles, au moyen duquel on interceptera, si besoin est, pendant les saisons des basses-eaux, toute communication avec la rivière.

ART. 8.

Si par suite l'administration jugeait, dans l'intérêt de la navigation, de modifier le régime actuel de la rivière, et si ces changemens influaient sur le mode d'existence de la gare, la compagnie ou ses ayant-cause n'auront aucune indemnité à réclamer envers l'État, pour les ouvrages qu'ils seraient dans la nécessité de faire, afin d'approprier ladite gare au nouvel état de choses qui serait créé en rivière.

ART. 14.

Notre ministre secrétaire-d'état au département de l'intérieur est chargé de l'exécution de la présente ordonnance.

Donné à Saint-Cloud, le 28 juin 1826.

C'est deux mois après cette ordonnance obtenue par M. Ardoin que lui, et les associés de sa maison, ont passé devant le notaire de Paris l'acte de société dont suit l'extrait.

N° IX.

ACTE DE SOCIÉTÉ

DE LA GARE DE SAINT-OUEN.

M. Ardoin étant parvenu à faire l'acquisition de deux cent soixante-huit arpens de terrains entre l'avenue de Saint-Ouen et de la Révolte dans la plaine entre *Clichy*, *Paris et Saint-Ouen*, les comparans ont arrêté de la manière suivante les statuts de l'association.

ART. PREMIER.

Il est formé une société civile entre MM. Ardoin et Cie, *comme auteurs du projet*, et les bailleurs de fonds.

ART. 2.

L'objet de la société est de construire un port et une gare à Saint-Ouen, de percevoir les péages, de revendre les terrains. Les fondateurs représenteront *les plans indicatifs de la forme* et des dimensions des port et gare dont il s'agit dans trois mois de ce jour.

ART. 5.

MM. Ardoin et Cie cèdent à titre de mise à la société qui en devient propriétaire,

1° Le projet de l'entreprise;

2° *Le bénéfice de l'ordonnance royale qui autorise l'exécution.*

ART. 6.

Pendant la durée de l'association, nul ne pourra demander à

sortir d'indivision, par voie de licitation ou autre moyen quelconque.

ART. 7.

Le fonds social est fixé à dix millions, savoir huit millions pour les terrains et deux millions pour les travaux représentés par dix mille actions de mille francs chaque.

ART. 8.

Les actions ne produisent pas d'intérêts, elles donnent droit à un *dix millièmes* des produits.

Suivent les détails de l'administration dont les articles sont imprimés dans le premier prospectus de la compagnie.

www.ingramcontent.com/pod-product-compliance
Ingram Content Group UK Ltd.
Pitfield, Milton Keynes, MK11 3LW, UK
UKHW021637260726
13994UKWH00003B/1215

9 782329 410210